GUIDE

DE

L'ÉLECTEUR DE 1848

A L'ASSEMBLÉE CONSTITUANTE

OU

PRINCIPES CONSTITUTIFS D'UNE RÉPUBLIQUE.

PAR N. M. LE SENNE,

Docteur en droit, avocat à la Cour d'appel de Paris.

PRIX : 20 centimes.

A PARIS

A LA LIBRAIRIE NATIONALE, CHEZ BRY,

Rue des Mathurins-Saint-Jacques, 21.

CHEZ DOLIN, QUAI DES GRANDS-AUGUSTINS, 47,

ET CHEZ LES PRINCIPAUX LIBRAIRES DES DÉPARTEMENTS.

—

1848.

D'UNE RÉPUBLIQUE.

Les hommes réunis en *société* sont soumis à des *lois*, c'est-à-dire à des règles ayant pour objet de régir leurs rapports entre eux, leurs droits et leurs devoirs.

L'ensemble de ces règles forme le *droit*, science immense qui se rattache à tous les intérêts humains. Le droit prend sa source dans la conscience, c'est-à-dire dans ces sentiments éternels du bien et du mal, du juste et de l'injuste, que Dieu a gravés dans le cœur de l'homme. Le droit ainsi considéré dans son expression la plus élevée prend le nom de *droit naturel* ou de *morale*.

A côté de ce droit d'essence divine, se trouve le *droit positif*, créé par l'homme pour fixer les rapports nombreux auxquels le perfectionnement des sociétés donne naissance. Le droit positif varie suivant les temps et les lieux et selon le degré plus ou moins avancé de civilisation des différents peuples; par conséquent chaque nation est régie par des lois particulières.

Le droit positif se subdivise en diverses branches, selon les objets dont il s'occupe : on l'appelle droit des gens, droit civil, droit pénal ou criminel, droit administratif, droit politique.

Nota. — Voir la théorie de la liberté, de l'égalité et du principe constitutionnel, qui est en tête de mon Traité de la *Condition civile et politique des prêtres*.

La connaissance de l'ensemble de ces lois forme la science du droit ou *la jurisprudence*.

Enfin, la *justice* est la volonté ferme et constante d'observer le droit ; en d'autres termes, c'est la conformité de nos actions à la loi.

Nature des gouvernements.

Aucune société, c'est-à-dire, aucune nation ne peut exister sans un *pouvoir* chargé d'y maintenir l'ordre et l'harmonie, de diriger son action et son développement : ce pouvoir prend le nom de *gouvernement*.

On peut ramener à trois les diverses natures de gouvernement qui régissent les peuples civilisés : le gouvernement *républicain*, le gouvernement *monarchique* ou *impérial*, le gouvernement *despotique* ou *absolu*.

Il y a *despotisme* lorsqu'un seul homme dirige toute une nation selon sa volonté et son caprice, sans être retenu par aucune règle ni loi ; telle est aujourd'hui la Russie ; telle fut à peu près la France, sous Louis XIV, roi absolu.

Il y a *monarchie* quand un seul homme gouverne, mais en suivant des lois fixes et déterminées, dont il ne doit point s'écarter.

Il y a *république* lorsque le peuple en corps gouverne en suivant des lois fixes et déterminées, dont il ne doit point s'écarter. On dit alors qu'il y a démocratie.

Et notez ici que les règles fixes et déterminées dont on vient de parler, sont posées dans le pacte social, qui s'appelle *Charte* ou *Constitution*.

Cette Charte ou Constitution est donc la base et la sauvegarde de tous les membres de la nation. Elle forme un contrat d'assurance mutuelle entre eux tous, par lequel ils prennent l'engagement de respecter réciproquement leurs personnes et leurs biens, de se protéger les uns les autres, de participer à la défense commune, de contribuer aux charges publiques, en un mot, de se consacrer au maintien et à l'amélioration de la société.

Un chef appelé président, consul ou roi, est chargé de faire respecter et observer ce contrat, en s'y conformant lui-même ; et cela explique comment il se fait qu'il n'y a ni charte ni constitution dans un gouvernement absolu, puisque la volonté du chef y est la loi suprême.

De bien longs siècles se sont succédé avant que la France, réunie sous un gouvernement unitaire et uniforme, parvînt à se donner une constitution selon ses vœux et ses besoins. Son gouvernement était monarchique, lorsque l'*Assemblée-constituante* venant à succéder aux Etats-généraux députés par les provinces, décréta, le 3 septembre 1791, la fameuse constitution en tête de laquelle fut placée la *Déclaration des drois de l'homme et du citoyen.*

Après avoir terminé la Constitution, l'*Assemblée-constituante* déclara, le 30 septembre 1791, que sa mission était finie, et elle se retira sur-le-champ.

Elle fut remplacée par l'*Assemblée-législative*, composée de députés nommés dans toute la France, et qui tint sa première séance le 1ᵉʳ octobre 1791. Mais le 10 août 1792 la Constitution fût renversée par l'effet de deux décrets rendus par l'Assemblée-législative.

Le lendemain 11 août 1792, un autre décret invita tous les citoyens à se réunir en assemblées primaires pour nommer les membres d'une convention nationale. Tout Français fut déclaré électeur à 21 ans et éligible à 25 ans, pourvu qu'il ne fût pas en état de domesticité.

Le 21 septembre 1792, la *Convention* se réunit en assemblée nationale ; et dans sa séance du 25, elle rendit un décret qui proclama la *République française.*

Au milieu des événements qui se succédèrent alors, on préparait les bases de la constitution républicaine. Elle fut présentée à l'acceptation du peuple le 24 juin 1793 ; mais les publicistes l'ont, d'un commun accord, regardée comme inexécutable.

Une autre constitution ayant été proposée au peuple, le 5 thermidor an III (22 août 1795), la Convention nationale déclara le 1ᵉʳ vendémiaire an IV, que cette constitution était acceptée, attendu que, d'après le recensement, 1,057,390 citoyens avaient voté *pour*, et 49,977 *contre.* C'est sous l'empire de cette constitution que se place le *Directoire*, qui partageait le pouvoir avec le *Conseil des Cinq-Cents* et le *Conseil des Anciens.*

Quelques années après fut créé le *Gouvernement consu-*

laire, conformément à une nouvelle constitution du 22 frimaire an viii (13 décembre 1799). Sur 3,012, 569 votants, 1,569 votèrent pour le rejet de cette constitution, 3,011,000 pour son acceptation En introduisant dans le gouvernement un sénat, un tribunat et un corps-législatif, cette constitution donnait une grande force au pouvoir et diminuait les garanties de la nation. Ce premier pas fut encore suivi de nouvelles tentatives par les changements qui furent apportés à la Constitution par le sénatus-consulte organique du 16 thermidor an x (4 août 1802), et par celui du 20 floréal an x (10 mai 1802) qui eut pour résultat de conférer à Bonaparte la dignité de consul à vie.

Les derniers vestiges de la république et de la liberté disparurent devant un sénatus-consulte du 28 floréal an xii (18 mai 1804), qui institua le *Gouvernement impérial*, en admettant un sénat, un tribunat et un corps-législatif. Puis le Tribunat fut supprimé par un autre sénatus-consulte du 19 août 1807. Enfin par son vote consigné sur des registres publics, le peuple ratifia, à une immense majorité, l'adoption de l'hérédité de la dignité impériale dans la descendance de Napoléon Bonaparte.

A l'empire succéda une monarchie qui fut imposée à la France ; et le roi *octroya* à la nation, comme une sorte de faveur, la Charte du 4-10 juin 1814, qui établit une chambre de députés élus par les départements, et une chambre de pairs choisis par le roi.

Le peuple français était encore loin d'avoir reconquis ses vraies prérogatives, qui, quelques années auparavant, avaient été consacrées par une constitution, véritable expression de ses droits naturels. Mais les fautes de la Restauration amenèrent une nouvelle reconnaissance bien solennelle de ces prérogatives, et le peuple, au lieu de devoir sa constitution à la générosité d'un roi, *dicta* au roi nouveau les bases du pacte qui fut accepté par lui, sous le nom de *Charte constitutionnelle*, le 9 août 1830.

D'après cette charte, à la tête de la nation était le roi, revêtu de différents priviléges : notamment l'inviolabilité de sa personne, son irresponsabilité, l'hérédité de mâle en mâle par ordre de primogéniture. Il recevait de la nation une somme annuelle de douze millions de francs, indépendamment de la jouissance de châteaux , forêts et biens mobiliers d'un revenu annuel d'au moins dix millions de francs.

Le pouvoir de faire la loi appartenait collectivement au roi , à la chambre des pairs et à la chambre des députés.

Le roi seul avait la mission de faire exécuter la loi. Il n'agissait point lui-même , mais il transmettait ses ordres à des agents responsables appelés ministres , qui étaient au nombre de neuf, et qui à leur tour transmettaient les ordres du roi dans chaque département, de là dans chaque arrondissement, puis dans les communes.

Il y avait sans doute beaucoup à dire sur cette organisation ; et cependant elle eût pu durer encore des années si les abus les plus criants n'eussent fini par ruiner la monarchie et par la renverser. Le peuple de 1830 avait mis trois jours à fonder ce gouvernement; trois jours ont suffi au peuple de 1848 pour s'affranchir d'un joug devenu insupportable et se donner un gouvernement qui fût d'accord avec ses besoins et avec les lois de sa nature morale.

En effet un gouvernement provisoire fut organisé dès le 24 février 1848. Il fut composé d'hommes pris parmi toutes les classes de la société ; et le 25 il se constitua en *République*, en déclarant que le peuple serait appelé à ratifier par son vote cette adoption du gouvernement républicain.

C'était renouer la chaîne des temps qui avait été brisée : c'était rapprocher 1848 de 1789 et de 1799. Eh ! quelles leçons a reçues la France , que de progrès elle a faits depuis cinquante années!

Cependant on fut prompt à s'alarmer au premier bruit du rétablissement de la république. Certains esprits , encore frappés du souvenir des excès de notre première révolution , craignirent d'en voir le retour. Mais bientôt rassurée par l'action bienfaisante du gouvernement provisoire, par la sagesse des hommes qui le composaient, et par la modération de ceux qui avaient détrôné la royauté, la capitale qui avait été un instant exposée au plus grand désordre, Paris reprit comme par enchantement son attitude calme et paisible, et il eut bientôt communiqué aux départements toute sa confiance dans le nouveau gouvernement

On peut donc considérer la République comme étant désormais acceptée par la nation française.

Mais au moment où cette forme de gouvernement est le vœu du peuple, chaque citoyen comprend-il bien quels sont les devoirs qui lui sont imposés par ce nouvel état de choses, et quelles prérogatives il lui confère? Examinons rapidement cette double question.

D'abord le mot *république* a une signification toute simple et toute naturelle : il est la traduction de *res publica*, qui veut dire *chose publique*. Il exprime l'idée qu'il y a une société, une solidarité, une confraternité entre tous les membres d'une même nation ; qu'il y a une chose commune à tous, c'est-à-dire le territoire et la dignité de la nation à défendre, l'intérêt général qui doit passer avant l'intérêt particulier ; qu'il y a égalité de condition entre tous les membres de la nation, et que conséquemment aussi chacun y jouit de la même liberté; que chacun est admissible à tous les emplois publics et que ces emplois sont confiés par l'élection et le choix des citoyens ; que le peuple entier a la souveraine puissance, que c'est lui-même qui gouverne par un ou plusieurs délégués choisis par lui dans son sein (1).

D'après ces principes, la nation française constituée en république, sera gouvernée par elle-même, c'est-à-dire par le peuple. Le peuple aura la souveraineté : tout émanera de lui et tout aboutira à lui; tandis que dans une monarchie la souveraineté est aliénée au profit d'un seul homme.

Le peuple choisira et élira un ou plusieurs représentants qui auront le titre de consul ou de président. Ces représentants seront renouvelés chaque, année ou tous les deux ans, ou tous les trois ans.

Tout citoyen sera admis à faire valoir ses titres pour être nommé consul ou président.

Ces représentants (chefs du pouvoir exécutif) devront dans leur exercice se conformer à la Constitution ; et ne pouvant exercer que pendant un délai assez restreint, ils

(1) Quand une partie du peuple seulement est appelée à gouverner, cela s'appelle *aristocratie*, et alors il n'y a pas à vrai dire un gouvernement républicain.

n'auront ni le temps de devenir assez puissants pour enfreindre cette constitution, ni les moyens de prévariquer impunément.

Ils seront en effet responsables de leur conduite et de leurs faits, tandis que dans une monarchie le chef n'est pas responsable. Ils devront donc, à la fin de leur gestion, rendre compte de l'administration qu'ils auront eue des affaires de la nation.

Ils auront des ministres de leur choix, dont les fonctions finiront en même temps que les leurs et qui seront également responsables.

Ils toucheront un traitement qui suffira aux besoins de leur position, mais qui sera bien au-dessous du traitement accordé au chef d'une monarchie. La nation trouvera ainsi une économie de 16 à 18 millions par année, indépendamment de beaucoup d'autres économies qu'une royauté ne permettait pas de faire; et il sera facile alors de réduire certains impôts qui pesaient particulièrement sur la classe du peuple la moins aisée (1).

Chaque citoyen étant admissible aux fonctions publiques, il y aura une belle et noble émulation entre tous les hommes, sans aucune exception basée sur la naissance ou la fortune. L'éducation et l'intelligence obtiendront les plus belles palmes. L'instruction et particulièrement *l'instruction primaire*, *l'agriculture* et *la marine* recevront un nouvel essor.

Et le dévouement à la patrie sera la première des vertus; car dans une république chacun doit concourir de tous ses moyens et de toutes ses forces aux intérêts communs avant de penser à son intérêt particulier; ce dévoûment doit aller jusqu'à sacrifier au soutien de la chose publique, s'il est besoin, sa personne et ses biens. Mais le sacrifice des biens sera toujours volontaire sous un gouvernement

(1) Nous avions sous la monarchie plus de 240 mille fonctionnaires salariés par la nation, à tel point que, de 1830 à 1848, leur traitement a grossi le budget de 62 millions de francs. Le nombre de ces fonctionnaires pourra être diminué considérablement. On pourra aussi faire de grandes économies sur les frais des missions diplomatiques. On ne pourra plus cumuler les places, et elles ne seront plus données à la faveur.

républicain, qui confère à chacun la plus grande somme de liberté, et qui, avant tout, a pour principe de respecter le droit de propriété.

Mais, pour que la nation puisse réaliser ce qu'elle est en droit d'attendre du nouveau gouvernement, il faut que ce gouvernement soit établi d'une manière solide et définitive. C'est dans cette vue que vient d'être rendu le décret suivant, qui convoque à une époque rapprochée tous les citoyens, afin d'élire des délégués qui fixeront les bases de la nouvelle *constitution*.

« Liberté, Egalité, Fraternité.

« Le gouvernement provisoire de la République, voulant remettre le plus tôt possible aux mains d'un gouvernement définitif le pouvoir qu'il exerce dans l'intérêt et par le commandement du peuple,

« Décrète :

«Art. 1er.Les assemblées électorales de canton sont convoquées au 9 avril prochain, pour élire les représentants du peuple à l'Assemblée nationale, qui doit décréter la constitution.

« Art. 2. L'élection aura pour base la population.

« Art. 3. Le nombre total des représentants du peuple sera de neuf cents, y compris l'Algérie et les colonies françaises.

« Art. 4. Ils seront répartis entre les départements dans la proportion indiquée au tableau ci-joint.

« Art. 5. Le suffrage sera direct et universel.

« Art.6. Sont électeurs tous les Français âgés de vingt-un ans, résidant dans la commune depuis six mois, et non judiciairement privés ou suspendus de l'exercice des droits civiques.

«Art. 7. Sont éligibles tous les Français de vingt-cinq ans, et non privés ou suspendus de l'exercice des droits civiques.

« Art. 8. Le scrutin sera secret.

«Art. 9. Tous les électeurs voteront au chef-lieu de leur canton, par scrutin de liste.

« Chaque bulletin contiendra autant de noms qu'il y aura de représentants à élire dans le département.

« Le dépouillement des suffrages se fera au chef-lieu de. canton et le recensement au département.

« Nul ne pourra être nommé représentant du peuple s'il ne réunit pas deux mille suffrages.

« Art. 10. Chaque représentant du peuple recevra une indemnité de 25 francs par jour, pendant la durée de la session.

« Art. 11. Une instruction du gouvernement provisoire règlera les détails du présent décret.

« Art. 12. L'Assemblée nationale constituante s'ouvrira le 20 avril.

« Art. 13. Le présent décret sera immédiatement envoyé dans les départements, et publié et affiché dans toutes les communes de la République.

« Fait à Paris, en conseil du gouvernement, le 5 mars 1848.

« Les membres du Gouvernement provisoire. (Signatures).

(Base de 1 représentant par 40,000 habitants.)

Seine 34; Seine-et Oise 12; Seine-Inférieure 19; Seine-et-Marne 9; Loiret 8 représentants.

Aujourd'hui, en France, il n'y a donc plus que des citoyens. Tous, artisans, laboureurs, magistrats, prêtres, avocats, ouvriers, soldats, hommes de pensée, hommes de peine ; tous, tous, sont conviés à faire prévaloir le même principe de liberté et à en recueillir également les fruits.

Il importe à la nation tout entière que les élections qui vont avoir lieu se fassent avec calme, en dehors de toute passion, de tout intérêt personnel. Tous les bons citoyens comprendront que « l'union fait la force » et, en agissant avec zèle, ils se réuniront dans une même pensée, celle d'envoyer à l'*Assemblée constituante* des hommes recommandables par la droiture de leur caractère, par leur fermeté, et par leurs lumières. Que les électeurs n'oublient pas que la Constitution à faire doit être de nature à resserrer encore davantage les éléments de force et de richesse de la France, et à cimenter cette admirable unité qui fait d'elle la plus puissante des nations. Enfin le devoir des citoyens est de se réunir d'avance pour se concerter sur le choix des candidats, examiner et discuter leurs titres, pour

assurer ensuite la nomination de ceux auxquels ils se seront arrêtés. Et ici une remarque des plus *importantes* :
c'est que, tous les électeurs d'un même département étant
appelés à voter pour l'élection de tous les délégués de ce
département, il s'en suit que les électeurs d'une grande
ville toujours nombreux pourront assurer l'élection de *tous*
les députés du département, si les électeurs des petites
villes et des campagnes ne s'unissent pour porter leurs
suffrages sur le candidat de leur choix, et contrebalancer
par leur unité l'avantage que le mode d'élection donne
aux habitants d'une grande ville de pouvoir en quelque
sorte imposer des candidats aux autres électeurs du département.

Instruction du Gouvernement provisoire du 8 mars 1848
pour l'exécution du décret du 5 mars.

1. Les maires réuniront immédiatement les conseils municipaux pour s'occuper sans aucun retard de la confec-
tion de la liste des électeurs appartenant à leurs communes
respectives. — Ils consulteront, pour la dresser, les pré-
cédentes listes électorales ayant servi aux élections de tous
les degrés ; les tableaux du dénombrement de la population, ceux du recrutement et les contrôles de la garde nationale, ainsi que les registres de l'état civil.

2. *Age.* —Il ne sera besoin de faire des vérifications, quant
à l'âge de vingt et un ans, que lorsqu'il pourra s'élever
quelque doute à cet égard. Les jeunes citoyens qui ne seraient pas nés dans la commune produiront les papiers in-
diquant l'époque de leur naissance. (D'après un décret du
11, copie de l'acte de naissance se délivre *Gratis.*)

3. *Nationalité.* — La condition d'être *né* ou *naturalisé
français* peut se justifier, soit par la possession résultant
de votes antérieurs, soit par la représentation des actes de
naturalisation délivrés par les gouvernements précédents,
lettres d'avis ou autres actes officiels.

4. *Incapacités.* — Le droit d'élire les représentants du
peuple est le premier des *droits civiques.* Ces droits n'ap-
partiennent plus à celui qui a perdu la qualité de Français par la naturalisation en pays étranger.

Les droits du citoyen peuvent se perdre ou être suspendus par des décisions judiciaires, savoir :

Les condamnations à des peines afflictives ou infamantes. Cet état d'incapacité cesse quand il y a eu réhabilitation.

Les arrêts portant renvoi devant les Cours d'assises.

Les condamnations à des peines correctionnelles, lorsque le tribunal a ajouté à ces peines l'interdiction des droits de vote et d'être juré, témoin, etc.

Les jugements qui ont prononcé, à titre de peine, la surveillance de la haute police. — Les jugements portant déclaration de faillite, non suivis de concordat. — Ne pourront non plus exercer le droit de vote les interdits ni ceux qui sont retenus pour cause de démence dans une maison d'aliénés. — Les autres incapacités qui existaient d'après les lois antérieures ne forment point obstacle à l'inscription sur les listes d'électeurs.

5. *Résidence*. — Pour être inscrit comme électeur dans une commune, il faut y avoir une résidence de six mois. Les citoyens qui, depuis moins de six mois, ont changé de résidence seront admis à se faire inscrire dans la commune où ils résidaient précédemment. Néanmoins si, à raison de l'éloignement, un citoyen ne pouvait, sans dommage ou sans inconvénient pour sa santé, ses affaires, ses moyens d'existence, se rendre dans un autre département qu'il a quitté depuis peu de temps, il pourra, d'après sa demande, être inscrit sur la liste des électeurs de la commune où il vient de s'établir.

6. Nul ne pourra voter en deux assemblées électorales différentes.

7. Tout citoyen appartenant aux armées de terre ou de mer qui sera en congé devra être inscrit au lieu de son domicile.

8. *Forme des listes*. — La liste des électeurs sera dressée par ordre alphabétique. Dans les villes qui comprennent plusieurs cantons, il sera adressé autant de listes qu'il y a de cantons.

9. *Publication et réclamations*. — La liste sera close au plus tard le 26 mars prochain, et déposée pendant cinq jours à la mairie.

Les réclamations formées par des citoyens contre l'omission de leur nom seront jugées sommairement, en conseil municipal, par le maire, qui fera, s'il y a lieu, les rectifications nécessaires. Les réclamations ultérieures seront adressées au conseil municipal du chef-lieu du canton.

10. *Envoi des listes au maire du chef-lieu de canton.*— Le sixième jour, la liste, définitivement close, sera envoyée au maire du chef-lieu du canton pour servir à l'appel des électeurs. Le conseil municipal du chef-lieu de canton statuera jusques et y compris le 8 avril, sur les réclamations qui lui seraient adressées sur la teneur des listes.

11. Le maire du chef-lieu de canton, à mesure qu'il recevra les listes des communes, les fera transcrire dans la forme des listes d'inscription de votants, qui étaient dressées précédemment pour les élections au conseil général.

Ces listes, en nombre égal à celui des communes du canton, serviront à l'appel et à l'inscription des votants.....

13. Lors de la clôture des listes et trois jours avant la réunion, les électeurs de chaque commune seront avertis, par tous les moyens de publicité qui sont au pouvoir des maires, de se rendre, ainsi que c'est *leur droit et leur devoir*, à l'assemblée électorale du canton.

14. Il sera délivré à chaque électeur une carte ou un billet portant : N..... *électeur* à.... avec la signature du maire.

Composition du bureau. — 18. Le bureau sera présidé par le juge de paix du canton ; à son défaut, par ses suppléants. Les scrutateurs, au nombre de six, seront pris parmi les premiers conseillers municipaux, selon l'ordre du tableau. Les président et scrutateurs choisiront le secrétaire. Dans les villes qui renferment cinq ou six cantons, le nombre de scrutateurs sera complété, s'il y a lieu, par des citoyens que le conseil municipal désignera.

20. *Inscription et dépôt des bulletins.* — Le vote sera secret, mais, à raison du nombre considérable d'électeurs, les bulletins pourront n'être pas écrits dans la salle et en présence du bureau. Chaque électeur pourra apporter le sien, après l'avoir écrit ou fait écrire en dehors de l'assemblée, et après avoir pris soin de le fermer.

21. Le président, en le recevant, et avant de le déposer dans la boîte du scrutin, s'assurera que ce bulletin n'en renferme pas d'autre.

22. Chaque bulletin doit contenir autant de noms qu'il

y a de représentants à élire dans le département.

Des affiches placées dans la salle et au dehors rappelleront ce devoir aux électeurs, ainsi que les conditions d'éligibilité.

23. Les électeurs, accompagnés du maire, entreront successivement dans la salle par ordre de communes. Ils déposeront leurs bulletins dès que leurs noms seront appelés.

24. A mesure que chaque électeur déposera son vote, un des scrutateurs le constatera, en inscrivant son propre nom ou son paraphe en regard du nom du votant.

25. Les maires des différentes communes prendront tour à tour place au bureau, ils auront voix consultative, en cas de réclamations.

26. *Durée et clôture du scrutin.* —Le scrutin ne pourra être prolongé au-delà de six heures du soir. Si l'appel et le réappel ne sont pas terminés le 9 avril à ladite heure, la boîte du scrutin sera fermée et scellée, puis déposée sous clé à la mairie. Le scrutin sera continué le lendemain. —

27. Quand l'appel de tous les électeurs par commune sera terminé, il sera procédé à un réappel de tous les électeurs qui n'auront pas voté.

28. *Dépouillement des bulletins.* — Une heure après le réappel, le scrutin sera clos et le bureau procèdera au dépouillement de la manière suivante :

29. Il comptera les bulletins trouvés dans la boîte et en comparera le nombre avec celui des votants, constaté par les feuilles d'inscription ; sans qu'il soit besoin de recommencer l'opération pour quelques légères différences qui proviennent le plus souvent d'omissions faites par les scrutateurs sur la feuille d'inscription des votants.

30. Après la constatation du nombre des bulletins déposés, le président fera procéder au dépouillement. Pour accélérer l'opération, la masse des bulletins sera distribuée en groupes qui seront dépouillés sur des tables séparées. Il sera bon d'en préparer un grand nombre. Le bureau désignera parmi les électeurs présents et qui accepteront cette mission, des scrutateurs supplémentaires en nombre suffisant pour qu'il y en ait quatre à chaque table de dépouillement.

31. Si un bulletin contenait plus de noms qu'il y a de représentants à élire, les scrutateurs ne tiendraient pas compte des derniers noms inscrits qui excèderaient ce nombre.

32. Le bureau décidera provisoirement toutes les difficultés qui s'élèveraient concernant les opérations de l'Assemblée électorale.

33. Après la proclamation du résultat du scrutin, les bulletins non contestés seront brûlés.

34. *Recensement général des votes.* — Le procès-verbal de chaque assemblée de canton sera porté au chef-lieu du département par le président et le secrétaire, ou par deux membres choisis par le bureau.

35 Le recensement général des votes de tous les cantons se fera à l'Hôtel-de-Ville du chef-lieu du département, en séance publique, et en présence des délégués du bureau de chaque assemblée cantonale.

39. *Proclamation du résultat définitif du scrutin.* — Après le recensement des votes, le président du bureau central et départemental proclamera Représentants du peuple, pour le nombre fixé par le décret du 5 mars, les candidats qui auront obtenu le plus de voix selon l'ordre de la majorité relative, pourvu toutefois qu'ils aient réuni chacun 2,000 voix au moins.

40. — Si le nombre de représentants attribué à chaque département n'est pas atteint, il sera procédé à des élections supplémentaires huit jours après, et dans les formes indiquées ci-dessus.

41. *Elections à Paris.* — A Paris, les arrondissements représentant les cantons seront divisés, pour la commodité et la promptitude de l'opération, en sections proportionnelles au nombre des électeurs. Les sections seront présidées par les maires, adjoints ou délégués de la mairie. Les six scrutateurs seront pris, dans chaque section, parmi les plus âgés et les plus jeunes des électeurs présents. Les réclamations prévues aux art. 9 et 10, concernant les listes d'électeurs, seront décidées sommairement par le maire de chaque arrondissement, assisté de ses adjoints....

PARIS. — Imp. de Lacour, rue St.-Hyacinthe-St.-Michel, 33.

A Paris, chez l'auteur, rue d'Argenteuil, 8 ; au comptoir des impri-
meurs-unis (Comon et compagnie), quai Malaquais, 15 ; et chez Dolin,
quai des Grands-Augustins, 47.— En province, chez tous les libraires.

SE VENDENT :

Le Livre de tous les citoyens, ou éléments de législation
usuelle. 1 vol. in-18. Prix : 1 fr. 25.

Traité des droits d'auteur et d'inventeur, avec un com-
mentaire approfondi sur la nouvelle loi des bre-
vets d'invention. 1 vol. in-12. Prix : 3 fr.

Traité de la Condition civile et politique des prêtres.
1 beau vol. in-12. Prix : 6 fr. 50 c.

SOUS PRESSE POUR PARAÎTRE PROCHAINEMENT.

Histoire de la Normandie. 2 vol. in-8º.

Par N. M. LE SENNE, docteur en droit, avocat à la Cour d'appel
de Paris.

On lit dans la *Jurisprudence générale du royaume,*
par M. Dalloz, onzième numéro :

« .... On pourrait conclure que l'auteur ayant adopté un
cadre aussi étendu, et s'étant borné à mettre au jour un seul
volume, n'a dû présenter que des résumés secs et arides sur
les matières fécondes en développements qu'il a traitées.
On se tromperait cependant. M. Le Senne dédaigne la phrase
vide et ronflante ; il est plein et substantiel depuis le com-
mencement jusqu'à la fin. Son livre est un excellent cours
d'études sur la propriété industrielle, la plus sacrée de
toutes, aux yeux du législateur, mais la plus timidement
protégée, ainsi que l'auteur en fait justement la remarque.»

«Dans le nouvel ouvrage que nous annonçons, dit M. Dalloz, M. Le Senne avait à présenter un cadre plus limité.
C'est la condition civile des prêtres qu'il a entrepris de
faire connaître. M. Le Senne a rempli le cadre qu'il s'était
tracé, de telle manière qu'il sera utile à tous les ecclésiastiques qui veulent connaître les droits et les devoirs de la
situation *exceptionnelle* que les lois leur ont faite dans la
société. L'auteur montre dans son écrit une indépendance
qui sait s'affranchir de toutes les idées arriérées, qu'elles
viennent des hommes du temps passé ou de ceux de l'op-
position.

«Ce livre, dont nous présentons une analyse trop suc-
cincte, dit M. Véry, est digne d'intéresser les hommes les plus sérieux. Il s'adresse à la fois aux ecclésiastiques et aux jurisconsultes. La forme en est simple et

sans prétention. L'auteur était déjà connu par diverses publications telles que le *Livre de tous les citoyens* et le *Traité des droits d'auteur*; mais il s'est élevé de beaucoup au-dessus de lui-même dans cet ouvrage, et désormais il compte parmi les esprits les plus utiles et les plus distingués du pays.

Enfin, on lit, dans le *Bulletin de Censure, Index français*, du mois d'octobre 1847 : « On ne saurait contester à M. Le Senne le mérite d'une étude consciencieuse des lois constitutives d'une nation. On voit dans ses ouvrages, non point le simple *scribendi prurigo* dont le plus grand nombre de nos auteurs modernes est exclusivement dévoré, mais un esprit sérieux et bien intentionné qui écrit pour instruire. L'ouvrage que nous annonçons est une preuve de ce qui vient d'être dit. M. Le Senne a dû, pour le composer, se livrer à de longues et pénibles recherches, surtout à l'époque où nous sommes arrivés. Qui ne sait que la législation, telle que plus de cinquante ans d'agitations politiques nous l'ont faite n'est qu'un immense et inextricable labyrinthe? Où trouver ce fil de Dédale? qui peut guider dans la seule volonté probe et loyale du bien.

« L'ouvrage de M. Le Senne s'ouvre par des considérations profondes sur la liberté, l'égalité et le principe constitutionnel. Il examine ensuite quel est le caractère des fonctions ecclésiastiques, quels sont les effets politiques et civils attachés à l'ordination et à l'exercice des fonctions ecclésiastiques. Les compatibilités et incompatibilités entre les fonctions sacrées et les fonctions publiques, le mariage des prêtres, l'adoption, le commerce, le prêt à intérêt, etc., puis, les prérogatives du clergé, la liberté des cultes et tout ce qui s'y rattache, les appels comme d'abus, etc., etc., ont fourni à M. Le Senne un vaste champ, où une remarquable sagacité de vues, recommande puissamment son livre à toutes les classes de citoyens, et surtout aux membres du clergé.

« On peut cependant ne pas être toujours de son avis sur ce que l'auteur dit du concile national de 1811, et d'un prétendu concordat de Fontainebleau de 1813... M. Le Senne nous pardonnera ces observations, parce qu'en somme nous estimons son livre comme œuvre utile et méritoire. Quelques ombres trop prononcées ne nuisent pas à l'ensemble d'un tableau d'ailleurs bien dessiné. »

9 782012 395046